JN410030

따뜻해졌다

국립중앙도서관 출판예정도서목록(CIP)

따뜻해졌다 : 황영숙 시집 / 지은이: 황영숙. -- 대전 : 지
혜 : 애지, 2016
p. ; cm. -- (J.H classic ; 008)

ISBN 979-11-5728-203-6 03810 : ₩10000

한국 현대시[韓國現代詩]

811.7-KDC6
895.715-DDC23 CIP2016022227

J.H CLASSIC 008

따뜻해졌다

황영숙

지혜

시인의 말

아무것도 아닌 시
그러나
모든 것인 시
오늘도 시는 병들어 가는 나를
부축해 간다

2016년
황영숙

차례

2부

3부

4부

• 일러두기
한 연이 첫 번째 행에서 시작될 때는 > 로 표시합니다.

1부

초승달

여섯 해를 살고 아이는 죽었다

울다 울다 지친 어미가

아이가 보고 싶어

구천의 먼 길을 헤매고 다녔다

보다 못한 어둠이 캄캄한 손을 씻고

그믐의 한 쪽을 빌려

아이의 눈썹을 곱게 그려 주었다

은검초*

나에게 사는 것도 죽는 것도
더 이상 말하지 마라
이미 나의 상처는 은빛으로
진화하였다

내가 사는 이곳은 수 천 도의 분화구가
끓어 오르는 원죄의 땅

살아온 방식대로 죽을 수 없어
은빛 칼날을 곤두세우는
고독한 꽃을 보고 싶어 하지 마라

꽃 피기 전
내 운명을 알고 있는
당신의 손길이 닿는다면
당신을 위해
나는 기꺼이 죽을 수 있다

* 하와이 할레아 칼라 분화구 주변 해발 3,000미터 근방에 서식. 잎은 은색의 칼처럼 생겼고 사람의 손이 닿으면, 죽는다고 하는 희귀식물.

상강霜降

늦은 가을 풍경 속으로
서늘한 바람이 글썽거리며 지나가고
구름 몇 조각 떠다니더니
비가 온다

멀리서 소식을 물고 돌아오는 새떼들의 부리가
하얗게 얼었다

잠깐 스친 발자국에도 상처가 나서
떨어진 잎사귀에 몸을 기대며
싸늘하게 누운 내 사랑이여

돌아갈 수 없는 시간은 더 멀리 가고
잦은 몸부림으로 잠에서 깨어
혼자 만져보는 오래 된 흔적들

구름의 시간보다 더 빠른
생멸의 나날을 견디며
생의 마지막 하루처럼
추어탕을 먹는 그의 어깨가
설렁하다

따뜻해졌다

먼 길을 혼자 울면서 걸었다
캄캄한 산을 넘어오니
언제 왔는지 달이 와서
기다리고 있었다

울었구나
달이 내 눈물을 닦아 주었다

달을 따라 오던 별들이
싸늘한 내 손을 잡아 주었다

차가운 우주의 모든 손들이
따뜻해졌다

도다리

무슨 거대한 음모라도 다스리는 듯한
저 공포 분위기는 뭐야?!

넓은 바다를 나와 수족관 깊숙이
어두운 밀실을 차려놓고
죽은 척 해보는 건가

그래도 넌 잡힌 고기

너의 처지답게 힘껏 바닥이라도 쳐보는게 어때
죽을 날만 기다리는 사형수처럼
불룩한 눈만 굼실거리지 말고
온몸으로 육탁肉鐸이라도 때려봐

죽음의 공포 앞에서 나는 살아야 한다고
힘껏 바닥을 쳐 보라고
죽을 힘을 다해 육탁을 쳐 보라고

뜨거운 피와 눈물이 바닥에 스며들 때
너는 비로소

바닥을 볼 수 있을 것이다

바닥도 모르고
피 멍이 들도록 자신을 때려 보지 않은
비겁한 목숨으로
생을 마감하지 마라

답장

꽃잎에 써서 보낸 당신의 편지를
받은 지가 오래 되었습니다
아직도 답장을 보내지 못한 나는
당신의 편지만 읽고 또 읽으며
당신을 생각합니다
산속에 혼자 있는 맑은 저수지에 풀잎 하나
띄워 보내며 물위에 떠있는 구름에게
당신의 안부를 물었습니다
꽝꽝 얼어버린 저수지에 돌멩이 하나 던지면
대답처럼 돌아오는 당신의 목소리
당신의 대답은 더욱더 간절하여 눈물 같은
편지는 다시 왔습니다
그런 당신의 편지를 읽으며 나는 이제
하얗게 늙었습니다
마지막 남은 가랑잎 한 장에 당신에게
보낼 답장을 썼지만 끝내 부치지 못하고
눈이 내렸습니다
하늘이 쓴 답장처럼 하얗게 내린 눈은
가랑잎을 가만히 덮어 주었습니다

목 백일홍

아무도 오지 않아 적막이
저 혼자 놀고 있는 절집에
목 백일홍 쓰러질 듯 붉다

8월 염천의 뜨거운 햇빛 속에
점점 더 붉어지는 속 터지는 꽃잎들

혹시 누가 오나 일주문 멀리
길게 목을 올려보지만 바람도 불지 않는
저 세상의 길은 혼자 졸고 있다

아직도 아득한 백일의 일생

얼마나 더 소리쳐야 열매가 될까

열병의 밤낮을 몸부림치다가
문득 잠에서 깨어난 날

그토록 뜨겁던 여름이 갔어라
그토록 붉은 청춘도 갔어라

문득 달이 떴다

기다리지 않았는데
문득 달이 떴다

달이 거기 있었다

스르르 눈 감는 어둠의 행적을 씻어내는
저 무한의 빛

언제 우리에게 죄가 있었던가

출렁이는 세상의 주홍글씨를 다스리는
은빛 경전이 덩그러니 높다

심장에 걸린 십자가처럼
다시 순결해지는 지상의 목숨들
실핏줄의 미세한 고통도 내려앉아
고요해지는 순간

달의 가슴이 훤히 보인다

꿈꾸던 세상이 거기 있었다

무덤

혼자 남은 지 얼마 되지 않은
저 무덤
울어 울어 온몸이 붉다

우르르 몰려 뒹굴던 가랑잎도
한 곳에 모여 조용하고
새들도 높은 가지에 앉아 고개 숙여 지켜본다

지치고 지친 슬픔이 스스로 몸을 낮출 때까지
산속의 생명들은 그를 다독인다

결코 죽음이 끝이 아님을
다시 살아야 할 피안임을 알 때까지
우주는 주검을 다스린다

주검의 표정을 완성시킨다

서정시 쓰는 여자

떨어질 때 떨어지더라도 구름을 타고 싶은 여자
어린 새의 발자국을 따라 다니는 여자
어스름 저녁을 따라 가는 여자
먼 외딴섬 허름한 선술집의 작부가 되고 싶었던 여자
불쾌하게 거친 한 남자의
통속적인 애인이 되고 싶었던 여자
젖어 젖어서 물안개가 되는 여자
작은 핸드백에 꽃이나 구름이나 별을 넣어 다니는 여자
있으면 먹고 없으면 먹지 않는 밥
밥의 뜨거움을 알고 싶지 않는 여자
누구의 일생에도 도움이 되지 않는 여자
살아도 살아도 그 무엇도 될 수 없는 여자
남루한 서정을 화려한
잠옷처럼 걸치고
잠드는 여자
꿈속에서도 꿈을 꾸는
서정시 쓰는 여자

마애불

꽃잎 하나 날아와 머리 위에 얹히더니
풀잎이 다가와 손을 잡는다
먼산 낙엽이 울먹이며 내려와
마지막 남은 손을 잡은 뒤
눈이 내렸다

고요히 멀고 먼 허공을 걸어와
여기서 있는
아무에게도 가지 못하는 사람

보아라

돌이 된 그대 심장에 온몸을 새긴
저 천년의 사랑을

달과 밤

아,

저 맑은 인연

저 환한 인연

저승의 그리움과

이승의 그리움이 만나

조용히 손잡고 있는 달밤

세상은 마침내

고요해 졌다

겨울산

겨울이 되자 나무들은 모두
산의 갈비뼈가 되었다

앙상한 뼈의 가슴이 온몸으로
버티는 저 비탈의 생애
떨어져 내린 가랑잎들은 여기저기
떠돌고 있지만 속수무책인 나무의 빈손이
나날이 저리다

어디를 떠돌다 쓰러질 것인가

절망의 핏줄이 시커멓게 돋아있는
나무를 껴안고 견디는 산

산의 맥박이 점점 거칠어지는
겨울 또 겨울

그리움

횟집 간판들만 희미한
7번 국도를 달린다

이미 바다는 캄캄하게 멀고
열 나흘 붉은 달은
어디 가냐고, 같이 가자고 따라붙지만
모른 척 그냥 간다

내 심연의 그 길은 아직도 먼데
달은 어디에서 나를 버린 것일까

흔적 없이 달은 숨어버리고
후두둑 소나기 거세게 내린다

뿌연 빗줄기 속에서 문득 보이는
옛날 사람 그의 바바리코트를 생각한다

비가 너무 많이 온다고, 우산을 가지고 와야겠다고
빗속을 뛰어가던
젊던 그이

민박일기

시를 쓰다 말고 손톱을 깎는다
다시 발톱을 깎는다
멀리 튕겨나간 발톱을 쓰레기통에
버리면서 다시 불러보는
모음과 자음의 노래는 아직도 어지럽기만 하다
나뭇잎 같은 창을 열어 밖을 내다보니
밤은 적막강산처럼 누워있다
같이 누워 잠들 수 없는 귀뚜라미 한 마리
울다 지치고, 울다 지치고

2부

막춤

막춤은 모든 것을 버리고 난 뒤에 나온다

하나 둘 셋 박자도 무시하고
그윽한 당신의 눈길도 무시하고
오직 몸 하나를 선택할 때
막춤은 완성된다

섬의 한복판 하늘이 열리는 돔 나이트 클럽
바다를 건너온 사람들이 막춤을 춘다

달팽이의 뿔 같은 집을 버리고
무거운 바위덩어리 같은 육지를 빠져 나와
동그란 숲 속 같은 섬에 묻힌 그들은
광란하고 싶다, 외치고 싶다, 뛰어내리고 싶다

낚싯줄에 걸린 붕어가
허공에 남긴 춤
소금을 맞고 튀어 오르던
미꾸라지의 춤

>

막춤은 결코 즐거운 춤이 아니다

언젠가는 탈진하고 말
저 생의 몸부림

푸른 바다 거북이

야쿠시마 섬 나카타 해변에
어둠이 깊어지면
모래밭을 파헤치며 우는
푸른 바다 거북이

몸에 품은 알들을 내려 놓으며
마디마디 서러운 목숨의 곡절을
깊이 묻는다

울면서 울면서 깊이 묻는다
꼭 살아서 돌아 오라고
어미의 눈물도 같이 묻는다

옥양목 속치마

목련 꽃 하얗게 떨어지는 마당에
옥양목 속치마 하나
빨래 줄에 널려있다

들길 어디서는 다시 조팝꽃이 피는데
쑥국새 울음소리
혼자 듣고 있는
창백한 얼굴 하나 거기 있었다

찾아도 찾지 못한
그리운 사람 하나
바람에 흔들리고 있었다

너무 오래 기다려
하얗게 빛 바랜
내 오랜 첫사랑이
거기 있었다

망망대해

어머니
뼈처럼 여위었다

숟갈에 얹힌 밥을 보고
고개 흔드신다

나에게 가르치시던
세끼 밥의 종교를 버리신 건가

평생을 이것 저것 챙기시던
봉지와 보자기를 버려두고
외딴 오두막집처럼 쪼그리고 앉아
울지도 웃지도 않으신다

어머니의 저 망망대해

어떻게 다시 또 건너갈 것인가

왔으면 반듯이 가야 할 그곳을
골똘히 챙기시는가

>

천심을 헤아리는 어머니의 시간 옆에
속수무책의 귀뚜라미 한 마리
숨어서 운다

어느 봄날

벚꽃이 만개한 공원 시멘트 계단
혼자 앉은 할머니

바람이 찬지 바닥이 차가운지 무말랭이처럼
자꾸만 쪼그라드는 저 조그마한 몸

어떻게 끌고 왔을까
폐지로 가득 찬 저 무거운 수레를

세상은 온통 봄빛인데
아무것도 새로울 것 없다는 듯
만개한 봄 속에 앉아 홀로 무표정하다

아직도 슬하에 남아있는 식솔이 있을까
저릿한 듯 무릎을 짚고 일어서서
다시 수레를 끄는 짚신 같은 노구

저 극빈의 행진을 위해
꽃잎은 하얗게 하얗게 흩날리고

뱀

좁은 농로를 달리는데
뱀 한 마리 길게 뻗어 있다

나도 놀라고
차도 놀라고
들판도 놀라서 나를 쳐다본다

놀라는 우리를 비웃듯
긴 침묵의 바리케이트를 치고 길을 막는 시위

나에게 감정 있는가

있으면 해보라고 조그만 돌 하나
조심스레 던졌더니 끄떡없이 길다

저 징그러운 미물도 나를 무시하는가

사람을 뭐로 보고
더 큰 돌을 힘껏 던지고
재빨리 차 속으로 도망 왔더니

내가 이겼다고 으스대며 사라지는 뱀

아, 정말 치사한 세상!
그래 네가 이겼다!

점례*

세상은 마음대로 흘러 갔지만
아직 잊지 않았지

운동화 씻어 툇마루에 엎어두고
햇살을 기다리던
아홉 살의 그 아이를

산바람 등에 업고
시린 손 호호거리며 빨래하던 아이
얼어버린 손을 등뒤에 감추고
차마 수줍던 아이

캄캄한 검정고무신을
꽃인양 품고 잠들던 아이

슬픔도 분홍처럼 빛나던 시절
무명옷 헤진 속살을 나는 보지 못했다

철없이 우는 찔레를 달래며
필릴리 필릴리 보리피리 불며

산길을 걸어가던
그 아이가 보고 싶다

찔레가 지는 언덕을 따라
으스름 달빛처럼 그 아이가 가고

깊은 슬픔 하나
처음으로 나는 알게 되었다

* 유년시절 고향집에서 같이 크던 머슴의 딸.

그집

그집은 시장의 제일 막다른 골목 구석에 있었다
밤낮으로 켜져 있는 희멀건
형광등엔 파리똥이 까맣게 앉아 있었다
맥주 2000원 소주 2000원 안주 무료
이것이 벽에 붙어있던 그집의 메뉴였다
가난한 시인의 단골 술집이었다
시장이 눈을 닫으면 뿌연 연기 같은 형광등이
유일한 빛이 되던 그곳에는 세상 사람들이 볼 수 없는
그믐의 달이 있었다
배고픈 시인에게 파전 한 접시 구워 나오던
설운 행복이 있었다
캄캄한 사람들끼리 모여 희미하게 앉아 있어도
서로를 알아보는 따스한 눈빛이 있었다
우리는 그곳에서 그리운 세상이 보이지 않는다고
맘껏 울었다
아무도 달래는 이 없이 우리는 다 같이 울었다
맥주 삼천원 소주 삼천원 파전 오천원 골뱅이 무침 육천원으로
메뉴판이 바뀌고 얼마 안돼서 시인은 세상을 떴다
한심한 세상이 술값만 올린다고 고래고래 소리 지르던 그는
외상 술값만 남기고 먼저 갔다

>

그 뒤 세상은 더없이 추웠다
막다른 시장 골목 그집은 더욱더 추웠다
꿈꾸던 그리운 세상은 점점 더 멀어져
허름한 그집처럼 사라져 갔다

일몰

저물녘 해가 수평선 위에
둥그렇게 올라 앉았다

마지막 비상인 듯 갈매기 한 마리
그 붉은 가슴을 향해 날아가고 있다

갈매기를 껴안고 사라지는 붉은 해

마침내 두려움 없던 열정의 사랑이
불 속으로 사라졌다

하늘과 바다도 피빛으로 타올랐던
마지막 사랑

봉숭아에게

울밑에서 피었다는
전설 같은 노래는
정말 전설이 되어 버렸나

여름 내내 붉어 울밑을 떠난 너는
기다려도 오지 않는 사람을 찾아
울며 울며 어디까지 갔느냐

흐린 창에 몸을 기댄
지친 누이의 손톱에 앉아
아직도 너는 훌쩍이느냐

우리가 떠나온 아득한 그곳

나는 언제 그곳으로 돌아가
착한 채송화에게
너의 안부를 전해 줄 수 있겠느냐

두고 온 너의 분홍 머리핀을
찾아줄 수 있겠느냐

저 어린 것들

수없이 많은 솔방울을 달고
소나무는 죽었다

올망졸망한 어린것들
눈이 까맣다

솔잎 누렇게 변해 다 떨어져도
그냥 달려있는 저 어린것들
비바람에 젖고 있는 울음 같은 눈망울들

하늘의 허공을 붙잡고
안간힘으로 버티고 있다

이장移葬

산속은 깊이 긴장한다

조심스럽게 주검을 향해
손 뻗어가는 흰 장갑들
오랫동안 숨어있던 슬픔들이
글썽거리며 일어나고
거기 아버지가 보였다

아! 아버지
뼈의 아버지여!

아직도 끝나지 않은
냉골에 사무친
주검의 삶이 거기 있었다

소나기

나도 너처럼 누군가에게
사정없이 덤벼보았으면
거침없이 주먹질을 해보았으면

나도 너처럼 누군가의 창문을 거세게
흔들며 소리 내어 엉엉 울고
몸부림쳐 보았으면

나도 너처럼 온몸을
부수고 부수어서 누군가의 가슴에
미친 듯이 흘러 들어가 보았으면

그러나,
그러나, 사랑이여
아무것도 할 수 없어
가만히 제 자리에 서 있는 것 하나로도
슬픔이 된 나의 사랑이여

하늘에서 잠시 머물다 뼈 없는
지상의 살 속으로 누가 지나 갔는가

>

그 젖은 땅속에 나는 또 다시

채송화를 심는다

꽃의 말

결혼식 끝나고 텅 빈 식장
그 많던 화환들 다 치워지고 난 뒤
떨어져 나 뒹구는 몇 송이의 꽃

가만히 주워 본다

꽃은 왜 아직 여기 뒹굴고 있었을까

많은 축복의 악수로 흥청대던 시간은 순식간에 흘러갔다
축하한다는 말에 한 순간 갇히는
허허로운 그늘을
꽃은 알고 있었을까

못다한 말들이 꽃잎 속에 갇혀 시들어가고 있다

다가 올 많은 꽃들의 시간이 쓸쓸하게 서성거리는

거미의 詩

허공에 지은 집이라고 허술했을까

실핏줄 같은 생애를 풀어 허공에 길을 내고

보일 듯 말 듯, 들릴 듯 말 듯 걸린 저 말
먹이는 좀체 걸리지 않는다.

끝없이 가라앉아 있는 세상의 모든 것들은
적막한 바람을 몰고 어디로 돌아가는지
텅 빈 거미의 집은
홀로 흔들린다

허공의 창문 너머로 구름 몇 조각 흘러가고
꽃잎 스르르 잠드는 세상
캄캄한 어둠을 뚫고 헤메는 거미의 오랜 행보

온몸으로 밤을 견딘 텅 빈 저 집에
누가 떨어뜨렸는가
이슬 몇 방울

오오, 저 맑은 성자의 눈물

3부

마음

모든 것은 마음먹기 달렸다고
새에게 먹이를 주듯 쉽게 한마디 던져주고
세상은 모른 척 한다

어찌 생각하면 대단한 진리 같기도 한
이 황당한 방정식을
사람들은 잘 풀어가고 있는가

큰 맘 한번 먹어 보려고
마음을 잡아 보려 했지만
이리저리 돌아 다니는 내 마음을
나는 도무지 잡을 수 없었다

오늘도 마음을 먹지 못해
배고픈 사람들이
길가 전봇대에 기대어
담배를 피우고 있다

마음이여
나는 도저히 너를 먹을 수 없다
네가 나를 먹어다오

거울이야기

폐업한 모텔 옆 좁은 골목길에
버려진 거울 하나 있다
시커먼 쓰레기 봉지 속에는 악취가 풍기고
봉지를 뒤지는 재빠른 쥐들이
가끔씩 거울 위를 넘나들지만
깨어지지 않았다
비가 오면 느릿느릿
지렁이가 기어 다니고
동네를 어슬렁거리던
고양이가 지나가다 잠시
제 모습을 거울에 비춰본다 무료한 골목길의
우울한 나날을 견디는 거울은 빨리 깨어지고 싶다
누군가의 발에 차여 쨍그랑 와장창 생을 끝내고 싶다
변두리 동네의 지저분한 얼룩들로 온 세상이
캄캄해질 때 눈이 왔다
눈은 거울의 얼굴을 말끔히 닦아주었다
이윽고 봄이 왔지만 골목은 여전히 누추했다
잠시 머물다 가는 봄 햇살을 받으며 졸고 있던
거울은 무언가에
홀린 듯 움찔했다

>

아, 거기 콘크리트 바닥을 뚫고 올라온 민들레가
노랗게 웃고 있었다

처절하게 아름다운 삶이 거기 있었다

온몸을 추스르며 일어난 거울은
그 빛나는 생명을 눈부시게 비추기 시작했다

개미

개미는 결코 죽지 않는다
어젯밤 손가락으로
죽인 개미는 죽어서
다시 개미를 낳는다

킬라를 뿌린 개미의 집에는
커다란 탑이 있다
지하 둥지가 있다
하늘로 올라가는 통로와
지하로 내려가는 개미들의
함성이 들리는가

개미는 음흉하게 웃을 줄 모른다
절대로 베짱이의 노래를
따라 부르지 않는다

오직
살기위해서 살아 가고 있을 뿐이다

더 이상 개미의 집을

밟지 마라, 기웃거리지 마라
개미의 땀과 피는
너희들의 것이 아니다

미꾸라지

추어탕을 시켜놓고 화장실을 가다가
문득 보게 된 미꾸라지

물도 없는 플라스틱 소쿠리에
저희들끼리 거품을 물고 온몸으로
몸부림 친다

곧 죽게 된다고, 그만 하라고 하는데도
한사코 포기하지 않는다

미꾸라지가 토해 내는 거친 거품

비릿한 삶의 허무가
소쿠리 속에 가득하다

가을저녁

문득 저무는 석양아래
그가 떠났다는 생각을 한다

그가 떠난지는 오래되었지만
오늘 저녁 다시 그를 보냈다

붉은 꽃말을 가진 꽃이 있는 꽃밭에 앉아
종종거리는 새의 발자국을 보며
웃던 사람

그가 떠난 뒤

나는 나뭇잎 같은 손을 흔들어
그를 보냈다

저물녘 어스름을 따라
떠나고 다시 돌아온 당신

아직도 그를 보낼 시간이 남아 있다고
누가 와서 내게 말해 주었다

>

자꾸만 뒤를 돌아보며 떠나지 못하는
허기진 가랑잎 하나

직업

시장 골목 한구석 칼 갈이 노인이 있다
백발의 노인은 칼 가는 일에만
혼신을 다 하는 듯 그의 손에 쥐여지기만 하면
칼은 금방 길들여 진다
어디에도 좀처럼 찾을 수 없는
칼 갈이라는 직업을 가지 노인

소문에 의하면 젊은 한때 일본의 무사였다는
그는 칼 앞에서만 눈을 번쩍인다
칼날보다 더 무섭게 빛나는 그의 늙은 눈빛
칼 앞에서 그는
그가 찔렀던 심장의 소리를 듣고 있는 것일까
단 칼의 붉은 피를 쏟게 하기 위해
갈고 갈았을 그날의 칼날을 생각하는 것일까
아직도 칼을 버리지 못하고
삶의 구석을 찾아온 그의 굽은 등이 설렁하다

옥상

밤이 되면 관절이 아프다
세상의 불이 꺼지면 하늘이 저승사자처럼
내려와 흩어진 것들의 얼굴을 쓰다듬어 준다
빈 소주병과 화분, 다리 부러진 의자, 혼자 남은 개 집
발에 밟힌 담배 꽁초들이
절망처럼 누워있다
버려진 것들과 망가진 것들, 비어있는 것들은
서로의 관절을 주물러 주며 밤을 선닌다
해가 뜨면 넥타이를 단정히 맨
미생의 장그래가 한숨처럼 내 뿜는
담배 연기를 물끄러미 바라본다
급하게 전화기를 들고 올라온 중년 남자의
비밀을 엿듣는 것은 참으로 즐거운 일이지만
그들에겐 결코 도움이 되지 않는다
높은 곳으로 올라왔지만
이미 망가진 그들의 생애
어떤 희망이나 행운이 그들의 관절을
낫게 할지는 나도 모른다
버려진 곡절의 아픈 곳을 만지며
하루하루를 견디고 있는 저 집
지상의 하늘 한 칸이 저곳에 있다

입춘

아무도 모르게 숨어있던 것들이
두근거리며 일어서고 있다

들릴 듯 말 듯 떨리는 고요 속으로
조용히 걸어오는 낯익은 발자국
그 소리 점점 끊어질 듯 들린다

멀리서 다가오는 그를 기다려
우주의 한 때를 설레게 하는
저 빗소리

그대는 무한 공천의 어디쯤에서
오고 있는 것인가

깊은 꿈결 속에서도 다시 느낄 수 있는
오래 그리워한 사람

그가 오고 있다

정물

시골 마을 텅 빈 집
꽃밭을 등지고 할머니 앉아있다

앉아서도 놓지 못하는 헌 지팡이 들고
미동이 없다

집을 지키던 심심하던 개
그 앞에서 설렁설렁 꼬리를 흔들어 보지만
할머니 그냥, 여전하다

곡선을 잃어버린 저 펑퍼짐

할머니는 다시 일어 설 수 있을까

마당에 서있는 접시 꽃 몇 송이
저희들끼리 수군거린다

작살나무

화려한 봄 꽃들 다 피어도
작살나무 가지는 조용하다

온 세상이 봄 향기를 깔고 앉아 흥청대느라
눈길 한번 주지 않아도 하늘만
올려다 보는 나무

누가 그 앞을 지나가며 죽은 나무라고
발로 툭 차도 그냥 버틴다

성급한 꽃들 다 떨어지고
봄도 쉴 데를 찾을 때
마지막 봄을 가만히 껴안으며
푸른 싹을 티운다

미안한 듯, 부끄러운 듯, 무성이 자라는
봄의 대열에 조심스레 들어간다

세상의 심장에 겸손한 손을 얹어
혼자 사무치던 가을날, 누군가가

아무도 가지지 않은 보랏빛 열매를 주고 갔다

누가 그에게 작살이라는 이름을 주었을까

아무것도 작살나지 않은
무사한 생애가 눈부시게 익어가고 있다

보석

비우시라 하였고 지우시라 하였고
봄날의 꽃잎처럼 스스로 버리시라 하였으니

어찌합니까 나는!

갈고 닦은 보석이 아직도 눈부시게 빛나고 있어요

보석이 돌이 될 때까지
돌이 모래가 될 때까지 가서
수많은 모래가 다시 보석으로 보일 것 같은
두려운 하루가 지나갔습니다

옆구리에 감춘 은전처럼
버릴 수 없는 내일은 다시 오고
생존의 얼룩을 닦아내야 하는 사바의 땅입니다

부디 내 죄를 용서하시어
보석의 광채를 담아 가소서

실직

허름한 국수 집을 나오며
내가 말했다

오늘은 하루 종일 바람이 불었다고

포켓에 손을 넣고 성큼성큼
허공을 향해 걷던
그가 말했다

사람들이 잠들면
바람은 멈추게 된다고
그때 낚시나 가야겠다고

어둠이 밝은 고요한 시간

아무도 보이지 않는 세상의 관대한 품 안에서
비릿한 삶을 건져 올리는
그의 긴 어둠

히말라야로 떠나며

나는 버티다 그곳으로 짐을 쌌다
꼭 가야 할 곳
가서 다시 돌아오지 못하더라도
가보고 싶었던 곳

언제나 나를 이기지 못하는 내가
설산의 어느 중턱에 나를 숨겨놓고
마른 회초리로 마음껏 나를 때리고 싶다

언제나 내가 아니었던 나
그곳에 가서
보고 싶은 나를 만나고 싶다

죽은 듯한 세상
이곳을 빠져 나가면
살고 싶은 욕망의 높은 산
그를 만날 수 있으리라

히말라야 시편 1

— 선셋언덕에서

아이가 아프다
빛나는 아무것도 가진 것 없는
가이없이 작은 아이가 아프다

아무것도 해 줄 수 없는 아이의 부모는
두 손을 모우고 엎드려 있다

한 가지의 길만이 아이를 살릴 수 있으리라고
우리는 모두 굳게 믿었다
낮은 곳으로 내려가다가 다시 올라오는
아이의 가쁜 숨은
온 설산의 신들을 부르고 있었다

히말라야 시편 2

— 랄리구라스*

적당한 높이에 붉은 등을 달았다
가난은 더 환하게 화려해져서
뜨개질 하는 어린 아이의
목덜미에 붉게 내려 앉는다

오종종 어린 계집아이 둘과 늙은 노파
가장이 없는 이 집에
랄리구라스가 지키는 가족이다
저 아이들이 크면 다시 이 집을 지키는 꽃이 되겠지
남루한 마당에 화려한 꽃등을 매단,
쓰러져가는 가난도
너무나 당연한 것처럼

* 랄리구라스 : 네팔의 국화國花. 히말라야의 꽃으로 불리기도 함.

4부

새끼 발가락

어느 날 문득 새끼 발가락에
티눈이 눈을 떴다

나에게도 눈이 생겼다고
따끔거리는 눈으로
말을 거는 막내

네가 거기 있었구나

지치고 지친
굳은 살들이 깊게 뿌리 내린
동굴 속에 상처를 숨기고 있었구나

몸을 지탱하는
가장 막다른 곳

힘든 너의 생이
걸을 때마다 너무 아프다

가을 호박

이제 때가 왔다는 듯
깊숙이 깊숙이 가을을 파고 있다
익을수록 내려앉는 몸, 몸

끌고 온 한 생애를 지그시
둘러보는 저 깊은 속
그의 시름이 점짐 말라가고 있다

주렁주렁 달리던 식솔들로 푸른 가난이
들끓었던 가계
잉잉거리던 잉걸불의 열정은
어디로 갔는가

버리지 않아도 흔적 없이 사라지는 것
목숨의 기록은 언제나 이런 건가

습기를 잃은 잎과 줄기도 가고 난 뒤
마침내 혼자 남아야 할 누른 봉분 하나

하늘은 아무일 없었다는 듯 파랗게 높다

문안의 수평선

파도는 달래도 안 되는 어린 아이의 울음처럼
그치지 않는다
수평선은 길게 누워 여전히 말이 없다
천년의, 아니 만년의 파도가
가다가다 지쳐버린 그곳
수평선을 넘지 못한 파도의 울음이
더욱 거세다

더 이상 멀리 날지 않는 배부른
갈매기가 바위에 앉아 꾸벅거릴 때
밤이 왔다

잠들지 못한 파도의 몸부림은 여전한데
수평선은 꽝꽝 문을 닫았다

이곳은 이제 클레멘타인이 살던 오막살이
집이 있는 평화로운 바다가 아니었다

닫힌 문안에는 무슨 일이 일어나는 것일까

>

사람들은 수군거리다 지쳐 잠이 들었다
불안한 잠이었다

모과

언제나 시름 시름 아팠다
봄날 한때 햇살을 물고 피던
분홍빛 자태를 기억하는 건 슬픈 일이다
이미 꽃은 가고 울퉁불퉁 모가 나는 등골을
추스르며 여름 한낮 자지러 지는 폭염에는
숨이 가빴다 듬성거리는 가시를 피해
밀랍 덩어리처럼 매달려 살아보려고
깐죽거리는 햇살에 몸을 비빌 때도 도무지
앞날이 보이지 않았다
그러나 세상은 살아있는 숨소리로 익어가는 것

마지막 가을을 진동하는 사랑의 말

그 기미를 알아차린 손이 나를 잡는다
나는 지금 눈매 서글한 남자의 아늑한
승용차에 타고 어딘지 모를 그곳을 간다
나는 여기서 썩어도 좋다
썩어썩어 버려져도 좋다

그리움이 앉아 있다

그리움이 가만히 앉아 있다
흔들리지도 않고
다가오는 것들
흘러가는 것들
그냥 두고 한곳만 올려다 본다

닿을 수 없는
허공의 무심을 보며
오래 오래 아름다운 당신

천년 세월을 기다리듯
고요한 수련이
그리움으로 앉아 있다

천리향

아, 천리 길

가도 가도 나는 못 가는 길은 네가 오고 있다

수근거리는 바람 앞에 시린 발 오므리며
어둠 속을 걸어 왔을 까마득한 길

머무를 곳 없는 마음 허공에 내어주고
사람의 천리 길은 등 하나 돌리면
닿을 수 있는
멀고도 가까운 길이라고
천리를 걸어와 일러주고 가는
너 애처로운 모습

서러운 향기여

낮달

평생을 엑스트라만 하다가 떠난
그 사람의 낡은 모자인가
아님 닳아빠진 가방?

온 길도 갈 길도 없을 것 같은
저 무지의 방황

아닌 척 그냥 떠 있다

빛나는 모든 것을 감추고
누구의 기억에도 남아 있지 않은
쓸쓸한 배경

잠시 힐끗거려 보는
이승의 대낮이
어렴풋이 낯설다

무표정한 한 생이
아무것도 아니라고 그냥 떠 있다

동행

너 어디 가니?
너는 어디 가니?

너는 또 어디 가니?
네가 가길래 나도 따라왔지

무겁겠구나 내가 들어줄게
괜찮아 매일 들고 다니는데 뭐
어디 갈려고?
그냥 가보지 뭐

저기, 저 뭉게구름 떠가네
누가 저기서 부르고 있잖아
우와!
저기 저 꽃이 무슨 꽃이지?
방금 바람이 지나갔어
그곳은 어디일까?

갈 곳이 많은 가방과
그리움이 많은 나는

아직도 그렇게 떠돌아 다닌다

어딘지 모를 그곳으로
어딘지 모를 가고 싶은 그곳으로

이중섭 박물관에서
— 소

그의 소 앞에서 사진을 찍었다

마음에 담아 오래 아파야 하는
일들을 순간에 담아 잊어버리는
이 즈음의 나
그의 생애를 돌아보는
시간은 잠시였다

차가운 방에서 빈한의 시간을 견디며
천진하고 우직한 슬픔을 그렸던
그의 일생

아직도 아득히 소는 울고
울퉁불퉁한 근육에는 서러운
그리움이 물결치는데
사람들은 여전히 사진만 찍는다

강인한 뿔을 가지고도
인간에게 순응하는
그렁그렁한 눈빛

그 눈빛을 따라간 한 사나이가
푸른 언덕에 서서 피리를 불고 있다

섬을 떠나며

외로움을 이야기 한다고
울지 마라

너의 울음은 이미 젖어서
내 발등의 슬픔이 되었다

나는 너무 오래 기다리는 너에게
안개처럼 번지는 그림자가 되었다

언제 다시 오겠다는 언약은
이미 내 숨결이 알고 있으므로
젖은 손을 흔들며 다만
안녕이라고만 말해다오

기다리는 것이 고통이라 해도
너는 기다릴 것이다

그리고 나는 더욱더
외로울 것이다

큰 소리

시장 귀퉁이에 뻥튀기 노부부가 있다
아무리 오랜 단골이라도
뻥 한 되 튀기는데 삼 천원이다
욕심 내어 조금 더 가져가면
귀신은 속여도 나는 못 속인다며
30년 눈 대중을 뭐로 아느냐고
큰 소리 친다
십 년마다 고작 천원씩 값이 오른
뻥튀기의 가격이 너무 남루하다
그렇거나 말거나 늙은 노부부 부지런한 뻥!
삼 천원을 챙긴다
내용도 없이 진심도 없이 큰 소리치는
잡배들이 난무하는 시대
아무리 큰소리로 뻥뻥거려도
누구도 시비 걸지 않는
우리 모두가 알고 있는 큰 소리
뻥! 뻥! 뻥!
비가 오나 눈이 오나 시장의 모퉁이에서
낡은 가계家計를 지킨다

따뜻한 평화

해안 길 돌아가는 길목에
상추 두 고랑 가지 한 고랑 쑥갓 한 고랑 고추 두 고랑
그 사이 사이에
햇빛 한 고랑 이슬 한 고랑 빗물 한 고랑
저희들끼리 어울려 잘도 논다

비탈길 위로 도시로 가는 길엔
차들이 무섭게 달리고 있지만
천진한 아이처럼 잘도 자란다

울타리를 넘나들며 동네 안부를 전해주는
나팔꽃의 입술이 너무 고와서
지나가던 구름이 잠시 머무는 곳

하늘이 하루 종일 지켜보고 있는
저 따뜻한 평화

연

새가 높이 난다고 하늘에 닿을 수 없듯
사랑의 모든 행위는
헐렁한 옷을 입고 온몸으로 열렬히
자신을 만지는 일이다

닿을 수 없는 허공의 어디쯤에서
별빛 하나 글썽이며 바라보는 일이다

신열을 앓으며 오래 오래
기침을 하고 있는 사람
아직도 아픈 사람

남루한 상처를 버리고
하얗게 드러난 뼈의 심장에
꼬리 연을 띄우는 사람아

용서하라
아직도 끝나지 않는
긴 그리움
하늘을 향해 가고 있다

그해 7月

나
서럽다고 무용화가 핀다
나
미쳤다고 능소화가 핀다
나
뜨겁다고 목 백일홍 핀다

장마 끝나고 폭염의 한 순간을 참지 못한
울분의 덩어리들이
바알갛게 달아 오르고 있다

이미 꽃이 떠난 찔래 덤불 속에는
뱀들이 혀를 내밀며
뜨거운 숨 몰아 쉬는
발광의 꽃들을
숨죽이며 몰래 훔쳐보고 있었다

허공의 거울보기

거울을 보느라 생의 반쪽을
잃어버리는 여자들

보아도 보아도 보이지 않는
보고 싶은 얼굴을 찾는
거울보기

거울 속의 얼굴은 최선을 다한다

거울아 거울아
세상에서 제일 예쁜 여자가 누구지?

지금 수많은 여자들은
이 재미있는 동화를 읽고 있다

어머니가 알고 있는 친근한
딸의 얼굴을 지우고
정체 모를 요괴가 되어버린 그대

하늘에 걸린 커다란 허공의 거울을 보세요

너무 씁쓸하지 않나요

해설

따뜻한 사랑과 근원 지향의 서정
— 황영숙의 시세계

유성호 문학평론가 · 한양대 국문과 교수

따뜻한 사랑과 근원 지향의 서정
— 황영숙의 시세계

유성호 문학평론가 · 한양대 국문과 교수

1.

잘 알려져 있는 대로, 서정시는 '언어 예술'이자 '시간 예술'이다. 우리의 지각과 실재 세계를 매개하는 것이 언어이고, 그것이 인간 내면과 사물이 겪어온 시간을 기록하는 것이니만큼, '언어'와 '시간'이라는 속성은 서정시의 근본적 존재론을 그 어느 것보다 선명하고 배타적으로 규정해준다. 그만큼 서정시는 여타 예술보다도 훨씬 시간 형식에 높은 관심을 가지며, 많은 이들에게 풍요로운 시간 경험을 가져다준다. 우리가 서정시를 삶의 형상적 반영으로 간주하는 까닭도 바로 여기에 있을 것이다. 이때 서정시가 '시간'을 기록해간다는 것은, 물리적 시간과의 친연성을 말하기도 하겠지만, 그보다는 시간의 흐름을 둘러싼 인간 내면과 사물의 변화를 집중적으로 표상하고 있다는 것을 함의한다. 우리가 읽게 될 황영숙 시집『따뜻해졌다』는, 이러한 서정시의 '시간 예술'로서의 속성을 한껏 충족하면서, 그 미학적 파동을 섬세하게 구현한 성취라고 할 수 있다. 그만큼 그녀의 시집은 현실 '너머'의 곳을 향한 낭만적 동경과 오랫동안 아로새겨온 사랑의 시간을 보여주는 순도 높은 서정시편들을 풍요롭게 담고 있다. 먼저 그녀 시학의 뿌리이자 저류底流라고 할 수 있는 '사랑'의 시편들을 살펴보도록 하자.

꽃잎에 써서 보낸 당신의 편지를
받은 지가 오래 되었습니다
아직도 답장을 보내지 못한 나는
당신의 편지만 읽고 또 읽으며
당신을 생각합니다
산 속에 혼자 있는 맑은 저수지에 풀잎 하나
띄워 보내며 물 위에 떠 있는 구름에게
당신의 안부를 물었습니다
꽝꽝 얼어버린 저수지에 돌멩이 하나 던지면
대답처럼 돌아오는 당신의 목소리
당신의 대답은 더욱더 간절하여 눈물 같은
편지는 다시 왔습니다
그런 당신의 편지를 읽으며 나는 이제
하얗게 늙었습니다
마지막 남은 가랑잎 한 장에 당신에게
보낼 답장을 썼지만 끝내 부치지 못하고
눈이 내렸습니다
하늘이 쓴 답장처럼 하얗게 내린 눈은
가랑잎을 가만히 덮어 주었습니다
—「답장」 전문

'답장'이라고 했으니 어떤 이로부터 먼저 사신私信이 왔을 것이다. 그것은 '당신'이 오래 전에 "꽃잎에 써서 보낸" 편지다. 하지만 답신을 못한 채 시간만 흘렀으니, 그 편지는 "읽고 또 읽으며/ 당신을 생각"하게만 했던 것이다. 아닌 게 아니라 이 시편의 화자는, 산중의 저수지에 떠 있는 구름에게 '당신'의 안부를 묻고, 얼어버린 저수지에서 '당신'의 목소리를 들을 뿐, 답장은 끝없이 유보하고 있다. 그러면 '당신'은 더욱 간절한 편지를 다시 보내오곤 하는 것인데, 그렇게 답장도 없이 '당신' 편지만 받아온 세월이 반복되는 동안 화자는 하얗게 늙어버렸고, 답신이 적힌 "마지막 남은 가랑잎 한 장"은 끝내 부쳐지지 못한다. 그때 "하늘이 쓴 답장처럼 하얗게 내린 눈"이 가랑잎을 덮어주었을 뿐이다. 그 '가랑잎'은, 저물녘 어스름을 따라 스스로 소멸해가면서도 "자꾸만 뒤를 돌아보며 떠나지 못하는/ 허기진 가랑잎 하나"(「가을저녁」)와 같은 것일 터이다. 하지만 우리는, 겨울이 걷히면 "아무도 모르게 숨어있던 것들"이 "깊은 꿈결 속에서도 다시 느낄 수 있는/ 오래 그리워한 사람"(「입춘」)을 되살려주면서, 환한 봄날 "점점 더 붉어지는 속 터지는 꽃잎들"(「목백일홍」)을 통해 시인이 '당신'을 만나게 되지 않을까 예감하게 된다.

외로움을 이야기한다고
울지 마라

너의 울음은 이미 젖어서
내 발등의 슬픔이 되었다

나는 너무 오래 기다리는 너에게
안개처럼 번지는 그림자가 되었다
언제 다시 오겠다는 언약은
이미 내 숨결이 알고 있으므로
젖은 손을 흔들며 다만
안녕이라고만 말해다오

기다리는 것이 고통이라 해도
너는 기다릴 것이다

그리고 나는 더욱더
외로울 것이다
—「섬을 떠나며」 전문

'섬'이란 고립의 상징이요, 뭍을 향한 가없는 그리움의 원형적 제재로 많이 쓰여왔다. 이 시편에서 '섬'은 '외로움/ 울음/ 슬픔/ 기다림'이라는 정서적 계열체들을 만들어내면서, "안개처럼 번지는" 연민의 언어를 끊임없이 생성해낸다. 하지만 그 외로운 섬을 떠나면서도 시인의 숨결은 이곳으로 다시 오겠다는 언약을 알고 있고, 기다리는 것이 고통이라 해도 자신을 기다려줄 섬에 대한 믿음을 가지고 있다. 그 기다림으로 하여 외로움의 정점으로 가고야 말 생애를 짐작하면서도, 이 시편의 화자는 서서히 섬을 떠나간다. 말할 것도 없이, 떠난다고 해도 격리되는 것이 아니요, 안녕이라고 해도 헤어지는 것이 아닌 이형동체異形同體의 '나'와 '너'가 거기 있기 때문이다.

일찍이 부버M. Buber는 인간의 근원적 관계론을 '나-너'Ich-Du와 '나-그것'Ich-Es으로 설명한 적이 있다. '나-너'의 관계가 존재 전체를 바쳐서만 도달할 수 있다고 말한 부버는, '나'라는 것이 타자와의 관계에서만 존재 가능함을 설명하였다. 황영숙의 사랑 시편들은 이처럼 '나-너'로 결속해가는 과정을 아름답게 보여준다. 그래서 우리는 이러한 시인의 사랑 시학을 떠받들고 있는 축이 '나-너'가 이루는 상호 소통과 인생론적 긍정의 무게라고 말할 수 있다. 이 시편에서 그러한 긍정의 마음은, '섬'으로 하여금 지리적 대상代償으로서의 함의를 벗어나, 뜨거운 내면의 힘을 통해 신비로운 사랑을 확인해주는 공간적 은유가 되게끔 해준다. 그러므로 '섬'은 "슬픔도 분홍처럼 빛나던 시절"(「점례」)을 첨예하게 증언해주는, "우리가 떠나온 아득한 그곳"(「봉숭아에게」)으로 우리에게 다가오는 것이다.

이처럼 황영숙 시는 대체로 '기억의 현상학'에 의해 구성되어간다. 오랜 시간을 천천히 포착하여 그것을 선명한 기억으로 환치하는 시작법이 여기서 비롯된다. 또한 그것은 시인 스스로 겪어온 시간에 대한 헌사이기도 하며, 결핍과 외로움을 벗어나 충일한 '시적 시간'으로 변형해가려는 의지가 반영된 결과이기도 하다. 외따로 떨어져 있던 자신의 존재 방식에 연쇄적 상상의 파동을 개입시키면서, 황영숙 시인은 자신의 기억 행위를 이처럼 완성해간다. 그렇게 시인은 자신의 오랜 기억을 통해 사랑의 시간을 재현하면서, 동시에 궁극적 이인칭을 향한 기억들을 만들어가고 있는 것이다.

2.

앞에서 강조하였듯이, 시인의 성찰적 시선에 가장 가깝게 따라다니는 사유 방식 가운데 하나는, 그것이 내면이든 사물이든 거기 배어 있는 '시간'의 흔적을 시인이 들여다보는 행위가 수반된다는 것이다. 이는 시간의 흐름을 따라 세계내적 존재로서의 인간의 삶을 투시하고 발견하고 반성하려는 시선과 궁극적으로 연관되는 것이다. 이때 시간이란, 등질적으로 분절된 물리적 개념이 아니라, 개개인의 삶에서 구체적으로 경험되고 인지되는 주관적 형식을 띠는 것이다. 사실 서정시 안에 배열되는 사물들은 시인의 주관적 시선에 의해 채택되고 또한 배제되는 법인데, 그래서 엄밀한 의미에서 사물 자체의 목소리를 시편 안에 그대로 재현할 방법은 없다. 하지만 사물을 우의적寓意的으로 활용하고 배치하려는 욕망보다, 사물에 존재하는 오랜 시간을 통해 그것의 음영을 고스란히 보여주는 것이 전혀 불가능한 것은 아닐 것이다. 이때 중요해지는 것이 시인의 심안深眼/ 心眼인데, 황영숙 시인은 사물의 빛과 그림자를 미시적 시선으로 발견하면서, 사물 뒤에 어른거리는 시간의 흔적을 바라보는 이(見者)가 되어간다. 이 점, 황영숙 서정시편의 중요한 음역音域이 아닐 수 없다.

수없이 많은 솔방울을 달고
소나무는 죽었다

올망졸망한 어린것들

눈이 까맣다

솔잎 누렇게 변해 다 떨어져도
그냥 달려 있는 저 어린것들
비바람에 젖고 있는 울음 같은 눈망울들

하늘의 허공을 붙잡고
안간힘으로 버티고 있다
—「저 어린것들」 전문

시인의 시선이 가 닿은 것은 소멸 직전에 놓인 한 그루 '소나무'다. 소나무는 "수없이 많은 솔방울"을 몸에 단 채 죽었다. 시인은 눈이 까만 솔방울들을 "올망졸망한 어린것들"로 호명한다. 소나무라는 모체도 죽었고, 함께 생애를 견뎌온 솔잎들도 변색되어가지만, "저 어린것들"은 "비바람에 젖고 있는 울음 같은 눈망울"을 한 채 남은 시간을 견뎌가고 있다. 여기서 우리가 만나게 되는 황영숙 시학의 원천은, 중심에서 비켜난 주변적 존재자들을 섬세한 연민의 마음으로 돌보는 마음에 있다. 아마도 그것을 두고 시인은 "버리지 않아도 흔적 없이 사라지는 것/ 목숨의 기록은 언제나 이런 건가"(「가을 호박」)라고 노래했을지도 모른다. 비록 흔적 없이 사라져갈 것들이지만, 생애의 황혼에서 이렇게 빛을 뿌리는 사물들은 시인에게 "처절하게 아름다운 삶"(「거울 이야기」)으로 각인되고 있는 것이다. 황영숙의 시인으로서의 존재론이 여기서 환하게 몸을 드러낸다. 그리고 우리는, 뭇 사물들과의 치명적 불화를 노래하거나 거대

담론으로 모든 타자들을 안아들이는 경향과 황영숙 시학이 갈라지는 지점을 선명하게 목도하게 된다. 그렇게 우리 서정시는, 잃어버린 시간에 대한 상상적 추구를 통해 자기 규정성을 지니는 동시에, 그 안에서 잃어버린 시간의 상상적 현재화를 통해 언어적 대리 구축의 원리를 힘있게 보여준다. 이때 우리는 작고 주변적인 존재자들에 대한 관심과 사랑이 서정시의 중요한 내질內質임을 다시 한 번 경험하게 된다.

먼 길을 혼자 울면서 걸었다
캄캄한 산을 넘어오니
인제 왔는지 달이 와서
기다리고 있었다

울었구나
달이 내 눈물을 닦아 주었다

달을 따라 오던 별들이
싸늘한 내 손을 잡아 주었다

차가운 우주의 모든 손들이
따뜻해졌다
—「따뜻해졌다」 전문

해안 길 돌아가는 길목에

상추 두 고랑 가지 한 고랑 쑥갓 한 고랑 고추 두 고랑
그 사이 사이에
햇빛 한 고랑 이슬 한 고랑 빗물 한 고랑
저희들끼리 어울려 잘도 논다

비탈길 위로 도시로 가는 길엔
차들이 무섭게 달리고 있지만
천진한 아이처럼 잘도 자란다

울타리를 넘나들며 동네 안부를 전해주는
나팔꽃의 입술이 너무 고와서
지나가던 구름이 잠시 머무는 곳

하늘이 하루종일 지켜보고 있는
저 따뜻한 평화
—「따뜻한 평화」 전문

이 따뜻함의 연쇄는, 이번 시집이 추구하는 주제를 강하게 암시하면서, 황영숙 시학의 생래적 온기를 확연하게 대변해준다. 앞 시편은 '먼 길'을 혼자 걸어온 시인이 자신의 눈물을 닦아주는 달빛과 만나는 상상적 상황으로부터 시작된다. 그러고 보니, 황영숙 시편의 기본 정조情調는 단연 '울음'에 있지 않은가. 그렇게 울면서 걸어온 세월을 "달을 따라 오던 별들"도 함께 위안해주는 순간, "차가운 우주의 모든 손들이/ 따뜻해졌다"는 이 온기 전이轉移는, 그 자체로

서정시가 가져야 할 직능의 은유라고 할 수 있을 것이다. 그렇게 그녀의 시는 "실핏줄 같은 생애를 풀어 허공에 길을" 내며 걸어온 후에 흘리는 "맑은 성자의 눈물"(「거미의 詩」)과도 같은 것일 터이다. 이처럼 따뜻하게 전해져오는 정서적 감염은 뒤의 시편으로 이어지면서 '따뜻한 평화'를 생성해간다. 여기서 시인은 '상추/ 가지/ 쑥갓/ 고추'가 느런하게 심겨진 "그 사이 사이에" 어울려 노는 "햇빛 한 고랑 이슬 한 고랑 빗물 한 고랑"을 배치함으로써 '따뜻한 평화'의 감각적 풍경을 선연하게 보여준다. 그리고 '도시/ 차들/ 속도'의 반대편에서 천진한 아이처럼 자라가는 이 자연 사물들의 생태에 순간적으로 동참한다. '나팔꽃'과 '구름'이 머물며 어울리는 곳에서는 '하늘'도 하루종일 그 "따뜻한 평화"를 바라보고 있는데, 이 불가침의 평화스러운 장면은, 마치 "돌이 된 그대 심장에 온몸을 새긴/ 저 천년의 사랑"(「마애불」)처럼, 오래고 느린 시간과 주변을 돌아볼 줄 아는 시인의 사랑이 반영된 것일 터이다.

이처럼 황영숙 시학의 근저에는 '울음'의 정서와 '사랑'의 행위가 편재적遍在的으로 깔려 있다. 물론 그녀 시편에 착색되어 있는 '울음'은, 격정이나 비극이나 감상을 동반하지 않는다. 오히려 그것은 차분하고 관조적인 자기 성찰적 속성이나 타자를 향한 지극한 연민의 성격을 띠고 있어, 우리는 그 '울음'을 통해 인간 존재를 향한 시인의 가없는 '사랑'을 읽게 된다. 따라서 그 '울음'은 그쳐야 할 부정적인 것이 아니라 인간 보편의 존재 조건으로 다가오고 있다. 그녀의 '사랑' 역시 마찬가지여서, 그것은 인간과 인간 사이에 개재하는 친화적 정서나 행위를 총체적으로 표상한다. 그 점에서 황영숙 시편에 등장하는 대상들이 한결같이 '울음'을 환기하는 '슬픔'의 분위기를 간직하고 있고, '사랑'을 필요로 하는 존재자라는 점은 매우 자연스러운 일일 것이다.

3.

다음으로 우리는 황영숙 시편에 나타난 실존적 고통과 타자들의 생태, 그리고 그에 대한 치유나 견딤의 에너지를 만나볼 수 있다. 그 안에는 주변으로 내몰린 타자들에 대한 가없는 관심과 사랑이 있고, 내면과 사물을 육친적 교감에 가까운 친화력으로 결속하면서 우리에게 삶의 진정성에 대해 눈뜨게 하는 인지적 충격의 세계가 있다. 더불어 우리는, 황영숙 시학을 떠받치고 있는 미학적 기둥 하나가, 타자들 사이를 규율하는 사회적 분위기를 암시적으로 재현해보려는 욕망에도 있음을 확인하게 된다.

밤이 되면 관절이 아프다
세상의 불이 꺼지면 하늘이 저승사자처럼
내려와 흩어진 것들의 얼굴을 쓰다듬어 준다
빈 소주병과 화분, 다리 부러진 의자, 혼자 남은 개 집
발에 밟힌 담배꽁초들이
절망처럼 누워있다
버려진 것들과 망가진 것들, 비어있는 것들은
서로의 관절을 주물러 주며 밤을 견딘다
해가 뜨면 넥타이를 단정히 맨
미생의 장그래가 한숨처럼 내 뿜는

담배 연기를 물끄러미 바라본다
급하게 전화기를 들고 올라온 중년 남자의
비밀을 엿듣는 것은 참으로 즐거운 일이지만
그들에겐 결코 도움이 되지 않는다
높은 곳으로 올라왔지만
이미 망가진 그들의 생애
어떤 희망이나 행운이 그들의 관절을
낫게 할지는 나도 모른다
버려진 곡절의 아픈 곳을 만지며
하루하루를 견디고 있는 저 집
지상의 하늘 한 칸이 저곳에 있다

—「옥상」 전문

'옥상屋上'은, 도시 생태학에서 보면, 밀려날 대로 밀려난 주변인들의 공간이다. 그곳에는 밤이 오면 관절이 아픈 이들이 있고, 세상 불이 꺼지면 하늘이 내려와 "흩어진 것들"의 얼굴을 쓰다듬어주는 광경이 있다. 여기서 "흩어진 것들"이란, "빈 소주병과 화분, 다리 부러진 의자, 혼자 남은 개 집/ 발에 밟힌 담배꽁초들"이다. 이 절망처럼 누워있는 사물의 세목은, 한결같이 비어 있고 부러지고 버려지고 망가진 것들이다. 그네들은 서로의 관절을 주무르며 밤을 견뎌간다. "높은 곳으로 올라왔지만/ 이미 망가진 그들의 생애"는 희망이나 행운과는 거리가 멀다. 하지만 "버려진 곡절의 아픈 곳을 만지며/ 하루하루를 견디고 있는" 옥상의 모습을 황영숙 시인은 "지상의 하늘 한 칸"의 희망으로 읽어내고 있다. 이 '희망'은, 마치 "모든 것을 버리고 난 뒤에"(「막춤」) 흘러나오는 자연스러운 에너지처럼, 사람들의 존재 조건을 이루는 역설의 힘이 되어준다. 비록 "어디를 떠돌다 쓰러질 것인가"(「겨울산」)를 쓸쓸하게 되뇌는 대상들이지만, 황영숙 시인은 정성스런 관찰과 묘사를 통해 "어떤 희망이나 행운이 그들의 관절을/ 낫게 할지" 모른다고 상상해본다. 그 상상이 구체적인 육체를 얻어 그들에게 희망의 빛이 뿌려지기를 시인은 소망하고 있을 것이다.

나도 너처럼 누군가에게
사정없이 덤벼보았으면
거침없이 주먹질을 해보았으면

나도 너처럼 누군가의 창문을 거세게
흔들며 소리 내어 엉엉 울고
몸부림쳐 보았으면

나도 너처럼 온몸을
부수고 부수어서 누군가의 가슴에
미친 듯이 흘러 들어가 보았으면

그러나,
그러나, 사랑이여
아무것도 할 수 없어
가만히 제 자리에 서 있는 것 하나로도

슬픔이 된 나의 사랑이여

하늘에서 잠시 머물다 뼈 없는
지상의 살 속으로 누가 지나갔는가

그 젖은 땅 속에 나는 또 다시
채송화를 심는다
—「소나기」 전문

여기서 시인은 가장 낮은 곳에 처한 존재자를 '채송화'로 은유한다. 시인은 '사랑'이라는 것이 누군가에게 덤비고 주먹질을 하고 창문을 흔들며 몸부림치고 급기야는 온몸을 부수어 누군가의 가슴에 미친 듯 흘러가는 격정적인 것이 아니라, 그저 "아무것도 할 수 없어/ 가만히 제자리에 서 있는 것 하나로도/ 슬픔이 된" 것이라고 노래한다. 이 '격정/ 온정', '몸부림/제자리에 섬' 등의 대위법對位法은 시인의 사랑으로 하여금 "하늘에서 잠시 머물다 뼈 없는/ 지상의 살 속으로" 지나간 젖은 흔적에 "또 다시/ 채송화를" 심게끔 해준다. 흔히 '채송화'는 너무도 작아서, 앉아야 볼 수 있는 꽃으로 일컬어진다. 더불어 채송화 꽃말이 '천진/ 순진'이라는 점을 감안하면, 우리는 '사랑'이란 것이 이렇게 낮고 젖은 음성으로 타자들에게 천천히 다가가는 천진한 몸짓에서 온다는 사실에 상도想到하게 된다. 그러니까 시인이 보기에, 주먹질이나 몸부림 같은 미친 듯한 격정의 포즈들은 사랑을 가장한 자기 현시現示일 뿐이고, 진정한 사랑은 뭇 타자들로 하여금 앉아서 관조하게끔 하는 채송화의 모습으로 나타난다는 사실을 은유하고 있는 것이다. 마치 "멀리서 소식을 물고 돌아오는 새떼들의 부리"(「상강霜降」)처럼, "스르르 눈 감는 어둠의 행적을 씻어내는/ 저 무한의 빛"을 통해 "꿈꾸던 세상이 거기"(「문득 달이 떴다」) 있음을 확인하는 순간이 아닐 수 없다.

이처럼 타자들 사이로 번져가는 '사랑'의 힘을 관찰하고 표현하면서, 황영숙 시인은 그것들이 일종의 내적 연관성으로 존재한다는 것을 노래해간다. 이때 '내적 연관성'이란, 근대적인 합리적 인과율에 빚진 것이 아니라, 시인의 눈을 통해 새롭게 구축되어간 상상적인 것이다. 시인의 경험과 생각에, 사물 사이의 관련성이 가시적이고 명료한 인과 관계로만 설명된다면, 그것은 퍽 불구적인 것이 될 수밖에 없을 것이다. 그만큼 황영숙 시인의 상상 안에서 사물들은 상호 의존성과 상호 거리감을 동시에 가지면서, 서로 어울리기도 하고 각기 고독하게 존재하기도 한다. 황영숙 시인이 보여주는 일련의 타자 지향 시편은, 사물들의 이러한 존재 방식 곧 적절한 상호 의존과 이격離隔의 원리에 대한 역설적 발견의 과정을 담고 있다. 요컨대 시인의 관찰에 의해 사물들은 '충만'이나 '희열'이 아니라 '고독'과 '부재'를 통해서도 자신의 존재 원리를 구축하고 있다는 발상이 힘을 얻게 되는 것이다.

4.

우리가 잘 알고 있듯이, 서정시의 가장 근원적이고 원형적인 창작 동기는 시인 스스로 자신의 삶을 돌아보는 성찰과 관조의 욕망에 있다. 이를 두고 자기 회귀적 '나르시시즘'이라고 불러도 무방할 것이다. 물론 이때 '나르시시즘'은 자기애自己愛를 기반으로 하면서도 스스로에 대한 반성적 성찰을 동시에 행하는 역동적 실천을 말하는 것이다. 따라서 시인들은 일차적으로는 자신이 살아온 시간을 되새기고, 나아가 그 시간이 남긴 흔적과 무늬를 통해 지나온 시간을 응시하고 반추하게 된다. 이때 서정시는 가장 소중한 자기 성찰의 한 방식이 된다. 물론 이러한 응시와 반추는 정직한 자기 표현을 통해서만 가능하다. 그래서 성찰의 깊이와 표현의 진정성이 결합될 때 서정시를 읽는 이들의 공감의 파장은 비례적으로 넓어지게 마련이다. 이때 우리는 그러한 성찰과 공감의 에너지가 시인 자신으로 하여금 본원적인 지경地境을 향하게끔 하는 것을 자주 목격하게 되는데, 말하자면 시인들의 성찰적 에너지가 자신의 존재론적 기원origin과 자신의 실존이 궁극적으로 가 닿고 싶은 곳을 암시적으로 드러내게 되는 것이다. 황영숙 시편에서 그것은 '어머니'라는 기원과 '히말라야'라는 지향으로 나타난다.

어머니
뼈처럼 여위었다

숟갈에 얹힌 밥을 보고
고개 흔드신다

나에게 가르치시던
세끼 밥의 종교를 버리신 건가

평생을 이것저것 챙기시던
봉지와 보자기를 버려두고
외딴 오두막집처럼 쪼그리고 앉아
울지도 웃지도 않으신다

어머니의 저 망망대해

어떻게 다시 또 건너갈 것인가
왔으면 반드시 가야 할 그곳을
골똘히 챙기시는가

천심을 헤아리는 어머니의 시간 옆에
속수무책의 귀뚜라미 한 마리
숨어서 운다
—「망망대해」 전문

뼈처럼 여윈 노모老母의 말년을 기록한 이 시편은, 그 자체로 서정시가 '시간 예술'임을 확연하게 증언한다. 그 시간은 어머니의 생애이기도 하고, 어느 한순간 어머니의 생애를 압축적으로 재현하는 '충만한 현재형'의 형식이기도 할 것이다. 언제나 딸에게 가르치시던 "세끼 밥의 종교"조차 버리시고 어머니는 "외딴 오두막집처럼" 무연하게 앉아계신 '망망대해'다. 어쩌면 '바다(海)' 안에 물에 젖은 '어머니(母)'가 들어 있으니, 어머니는 누구에게나 이미 '망망대해'일지도 모르겠다. 한번 왔으니 돌아가야 할 길에 접어드신 어머니를 이렇게 알뜰하고 애잔하게 풀어 보인 황영숙 시편은, "다시 또 건너갈" 길을 골똘히 챙기시는 어머니의 시간 옆에 선 채, 마치 "속수무책의 귀뚜라미 한 마리"처럼 숨어서 울고 있을 뿐이다. 이 '울음' 역시 이번 시집의 근간인 '울음'들과 거의 동질적인 것이어서, 황영숙 시인은 "세상은 살아있는 숨소리로 익어가는 것"(「모과」)이지만, 그렇게 "빛나는 모든 것을 감추고/ 누구의 기억에도 남아 있지 않은/ 쓸쓸한 배경"(「낮달」)이 되어가시는 어머니의 생애에 '울음'으로 동참해간다. 그야말로 "못 다한 말들이 꽃잎 속에 갇혀 시들어가고" 있는 흐름 속에서 "다가올 많은 꽃들의 시간이 쓸쓸하게 서성거리는"(「꽃의 말」) 순간을 잡아챈 것이라고 할 수 있을 것이다.

이러한 풍경 안에는 시인이 희원希願하는 어떤 간절함이 담겨 있다. 물론 그 간절함이 현실적 회복을 말하는 것은 아니다. 다만 그것은 어머니의 마지막 생애에서 그분의 빛과 그늘을 동시에 투시하게끔 해주는 '기억'의 힘이라 할 것이다. 이러한 황영숙 시편의 속성은, 언어 생성을 통해 존재 생성이 이루어지는 과정을 남김없이 보여준다. 말할 것도 없이, 이때 기억은 서정시 창작의 제일의적 수원水源이 되어주면서, 시인이 경험적 구체성을 통해 이제는 그 시간을 되돌릴 수 없다는 그리움을 토로하는 기제로 작동하게 된다. 그래서 이러한 기억은 인간의 자기동일성에 지속적 영향을 끼치는 가장 원초적인 힘이 되면서, 황영숙 시편으로 하여금 순수 원형을 내장한 그 무엇으로 다가오게끔 해준다. 그 원형의 구심적 대상이 '어머니'였다면, 원심적 파장을 그리면서 뻗어나간 곳이 바로 '히말라야'일 것이다.

나는 버티다 그곳으로 짐을 쌌다
꼭 가야 할 곳
가서 다시 돌아오지 못하더라도
가보고 싶었던 곳

언제나 나를 이기지 못하는 내가
설산의 어느 중턱에 나를 숨겨놓고
마른 회초리로 마음껏 나를 때리고 싶다

언제나 내가 아니었던 나
그곳에 가서
보고 싶은 나를 만나고 싶다

죽은 듯한 세상
이곳을 빠져 나가면
살고 싶은 욕망의 높은 산
그를 만날 수 있으리라

—「히말라야로 떠나며」 전문

시인이 향하는 '히말라야'는, 시인의 표현에 의하면, 꼭 가야만 하고, 가서 다시 돌아오지 못하더라도 가보고 싶었던 곳을 함의한다. 오랜 시간을 버티고 견디다 마침내 짐을 싸서 훌쩍 떠나고 싶은 곳이 '히말라야'였던 셈이다. 그 "설산의 어느 중턱"에서 회초리로 마음껏 자신을 때리고 싶다는 시인의 상상에는, "언제나 내가 아니었던 나"를 지나서 "보고 싶은 나"를 만나고 싶다는 소망이 들어 있다. 자신이 아니었고 자신을 이기지 못했던 '나'를 뛰어넘어, 자신이 진정 만나보고 싶었던 '나'를 찾아낼 수 있는 일종의 자기 확인의 성소聖所이자 적소謫所가 '히말라야'로 나타난 것이다. 그러니 '히말라야'는, 앞에서 본 '어머니'의 대극에서, 존재론적 궁극ultimacy을 구성하고 있는 공간 은유인 셈이다. 이제 시인은 "죽은 듯한 세상"을 빠져나가 "살고 싶은 욕망"을 실현하는 그곳에서 궁극적인 '그'를 만날 수 있으리라고 희망한다. 그렇게 "내 운명을 알고 있는/ 당신의 손길이 닿는"(「은검초」) 곳에 가고자 하는 것이다.

이처럼 황영숙 시인은, 일상에서 펼쳐지는 다양하고도 섬세한 무늬를 훌쩍 넘어서면서, 자신의 기원과 궁극을 상상하는 모험 정신을 마다하지 않는다. 물론 일상의 쇄사鎖事가 가지는 힘을 시인이 모를 리 없다. 그것은 우리 주위에 다양하게 편재해 있는 사물들의 외관을 감각적 구체성에 의해 묘사함으로써, 존재의 본질로 다가갈 수 있는 유력한 방법론이 되는 것이니까 말이다. 그러나 황영숙 시인은, 그러한 미시적 형상화를 넘어, 감각적 현재형의 묘사를 넘어, 한편으로는 오랜 기억을 되살리고 한편으로는 그것을 역투사하여 가장 근원적인 지경을 상상하는 스케일을 보여준다. 논리적으로는 일견 모순으로 보일지도 모를 이러한 발상과 작법은, 우리의 일상이라는 것이 과거와 격절隔絶된 것이 아니라 기억을 매개로 하여 과거와 잇대어진 연속성의 시간 형식이라는 사실을 알려준다. 그래서 황영숙 시학은 기억을 매개로 하는 '시간' 형식을 가장 중요한 시적 원리로 삼으면서, 따뜻한 사랑과 근원 지향의 서정을 보여주는 세계라 할 것이다.

5.

말할 것도 없이, '시간'은 우리 삶 속에서 하나의 흐름이나 연속성으로 경험된다. 하지만 시간의 흐름은 그 자체로 물리적 실재가 아니라 하나의 은유일 뿐이다. 따라서 시간은 사람마다 다른 기억과 경험 속에서 재구성될 수밖에 없는 어떤 것이다. 시인들이 사물의 비의祕義를 암시하려 할 때 종종 시간의 흐름을 택해 자신의 경험적 흔적을 재구성하려는 것도, 바로 시간이 가지고 있는 이러한 은유적 원리 때문이다. 황영숙은 이러한 원리를 따라 일관되고도 반듯한 사랑과 근원 지향의 서정을 보여주는 시인이다.

그래서 우리는 황영숙의 이번 시집을 통해, 어떤 사물의 속성이 한동안 그 사물을 규율하다가 차츰 소멸되어가는 순간을 포착하면서, 그 소멸 양상이 또 다른 생성을 준비하는 불가피한 단계라고 보여주는 시인의 따뜻하고도 깊은 심성을 만나게 된다. 그 점에서, 황영숙은 전형적인 서정시인이다. 이처럼 황영숙 시인은, 사람과 사람 사이의 만남과 떠남, 정서의 충만과 결핍이 사실은 한 몸으로 결속되어 있는 두 가지 징후일 뿐이라는 역설의 이치를 선명하게 보여준다. 이 모든 것이 우리가 완벽하게 고립되어 있는 단독자單獨者가 아니라, 소멸 과정을 통해 서로의 몸에 각인되는 상호 결속의 존재임을 알려주는 것이다. 그래서 우리는, 이러한 이중 작업이 성취해낸 서정의 파문이, 한동안 우리 시단을, 잔잔한 울음으로, 은은한 슬픔으로, 그리고 그것을 넘어선 따뜻한 사랑으로 적셔가지 않을까, 마음 깊이 소망해보는 것이다.

황영숙 시집

따뜻해졌다

발 행 2016년 9월 30일
지은이 황영숙
펴낸이 반송림
편집디자인 김지호
펴낸곳 도서출판 지혜
계간시전문지 애지
기획위원 반경환 이형권 황정산
주 소 34624 대전광역시 동구 선화로 203-1, 2층 도서출판 지혜 (삼성동)
전 화 042-625-1140
팩 스 042-627-1140
전자우편 ejisarang@hanmail.net
애지카페 cafe.daum.net/ejiliterature

ISBN : 979-11-5728-203-8 03810
값 10,000원

황영숙

황영숙 시인은 경북 경산에서 태어났고, 1990년 『우리문학』 신인상으로 등단했다. 시집으로는 『은사시나무 숲으로』가 있고, 2012년 '대구예술상'을 수상했다.
황영숙 시인은 두 번째 시집인 『따뜻해졌다』을 통해 어떤 사물의 속성이 한동안 그 사물을 규율하다가 차츰 소멸되어가는 순간을 포착하면서, 그 소멸 양상이 또 다른 생성을 준비하는 불가피한 단계라고 보여주는 시인의 따뜻하고도 깊은 심성을 만나게 된다. 그 점에서, 황영숙은 전형적인 서정시인이다. 이처럼 황영숙 시인은, 사람과 사람 사이의 만남과 떠남, 정서의 충만과 결핍이 사실은 한 몸으로 결속되어 있는 두 가지 징후일 뿐이라는 역설의 이치를 선명하게 보여준다. 그만큼 그녀의 시집은 현실 '너머'의 곳을 향한 낭만적 동경과 오랫동안 아로새겨온 사랑의 시간을 보여주는 순도 높은 서정시편들을 풍요롭게 담고 있다.

이메일 : hys9392@hanmail.net